AF295930

LOGE L'UNION Nº 115

OR∴ DE ST.-PIERRE-MARTINIQUE

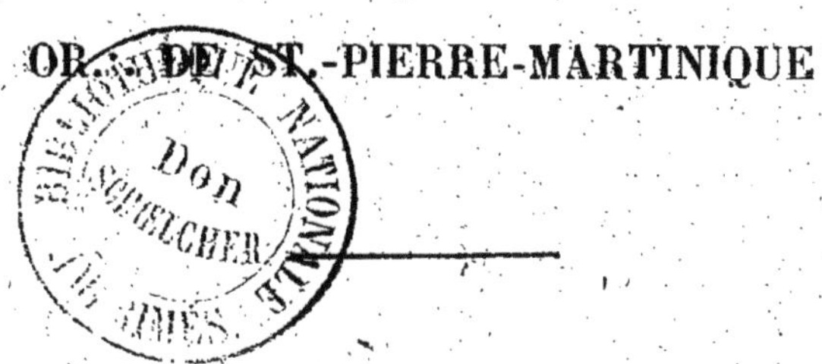

CÉRÉMONIE FUNÈBRE POUR LE T∴ ILL∴ ET T∴ P∴ F∴ FRÉDÉRIC PROCOPE Jne, 30e, MEMB∴ HON∴ DE LA R∴ L∴, SON FONDATEUR ET SON ANCIEN VÉNÉ∴; MORT A LA SOUFRIÈRE-SAINTE-LUCIE, LE 27 NOVEMBRE 1869.

SAINT-PIERRE-MARTINIQUE

IMPRIMERIE DU JOURNAL LES ANTILLES, RUE LUCY 44.

—

1870.

LOGE L'UNION N° 115

RITE ÉCOSSAIS ANC.˙. ACC.˙.

Extrait du L.˙. d'Arch.˙.

A.˙. L.˙. G.˙. D.˙. G.˙. A.˙. D.˙. L'U.˙.

Au nom et sous les auspices du Sup.˙. Cons.˙. pour la France et ses dépendances, des TT.˙. Ill.˙. et TT.˙. PP.˙. SS.˙. GG.˙. Ins.˙. Géné.˙., Prot.˙., Ch.˙. et vrais Cons.˙. de l'Ordre, 33° et dernier deg.˙. du Rite Ecossais anc.˙. acc.˙..

A l'Or.˙. du monde, sous la voûte céleste et le point vertical du zénith, par les 14° 44' de latitude Nord, et les 63° 32' 45" de longitude Ouest du G.˙. M.˙. de France, O.˙. de Saint-Pierre-Martinique, le 1ᵉʳ jour de la lune Schebath, 11° mois de l'an de la G.˙. L.˙. 5870 (Vulgò : 3 janvier 1870).

La R.˙. L.˙. E.˙. l'Union, n. 115, régulièremont convoquée, s'est réunie dans un lieu t.˙. écl.˙., t.˙. couv.˙., t.˙. f.˙., as .. de la vér.˙. du mys.˙., et de l'un.˙. frat.˙., pour rendre les derniers hommages à la mémoire du T.˙. Ill.˙. et T.˙. P.˙. F.˙. Frédéric Procope jeune, 30°, Memb.˙. Hon.˙., son fondateur et son ancien Véné.˙. pendant de longues années, et dont la perte est vivement sentie par tous les membres de la grande famille.

L'aspect de la L.˙. quoique triste, est fort animé par la présence de nombreux maçons de tous les rites, soit de l'or.˙., soit des or.˙. étrangers, dont la nomenclature serait trop longue à faire ici; se sont empressés d'accourir à l'appel frat.˙. qui leur a été fait par la L.·. d'assister à son deuil. La L.·. la Réunion-des-Arts, voulant aussi payer plus largement que les autres son tribut, s'est fait représenter par un grand nombre de ses membres que leur Véné.·. a désiré accompagner, mais qu'il n'a pu faire, empêché à la dernière heure, par une circonstance imprévue. — La L.·. se plaît ici à témoigner à tous ces visiteurs sa profonde reconnaissance.

Les RR.·. LL.·. FF.·. la Paix et les Disciples d'Hiram, O.·. de la Pointe-à-Pitre (Guadeloupe); la R.·. L.·. E.·. la France Equinoxiale, O.·. de Cayenne, ne sont pas oubliées dans cette solennité fun.·.. Les deux premières sont représentées par leur garant d'amitié l'hono.·. f.·· A. Verdet; et la dernière par son député prés. la L.·., le f.·. V. Hurard, et son garant d'amitié l'hono. f.·. A. Verdet.

Et jusqu'à un Low.·. de la L.·., le fils du f.·. E. Salle, qui a voulu, lui aussi, payer son tribut de fraternité et d'amour juvénils à l'homme qui fut un modèle de vertu, d'abnégation et de dévouement. Sa petite b.·. de d.·. et ses gém.·. se sont mêlés à la sourde b.·. de d.·. et aux gém.·. de tous.

Merci à tous, merci à lui.

Le Temp.·., splendidement décoré par les soins du f.·. serv.·., offre un aspect imposant et lugubre. Des tentures noires ornées d'emblêmes et d'allégories de l'ordre, et qui décorent le Temp.·. depuis la triste nouvelle de la mort de notre f.·. justement regretté, enveloppent tout ce qu'il y a d'éclatant à la L.·. — Au point central est un catafalque surmonté des insignes maç.·. du défunt, son épée et ses ornements du 30e. — L'encens brûle dans des cassolettes antiques; sur la col.·. funè.·. placée à l'extrémité du catafalque, on lit le nom de PROCOPE; au sommet brûle une lampe sépulcrale. — Sur une table triangulaire, couverte de deuil et parsemée d'emblêmes et d'allégories, est posée l'urne funéraire, image de la mort.

Mid.·. plei.·.

Le Véné.·. debout à l'or.·. donne, par un coup de Mail.·., le signal de la chaîne d'union ; elle se forme comme par enchantement, — Un nouveau coup de Mail.·. se fait entendre à l'or.·., il est répété à l'oc.·. et au mid, et revenant d'où il est parti, annonce que les Trav.·. Funé.·. vont s'ouvrir.

Les deux Surv.·. s'assurent de la régularité des maçons qui sont dans le sanctuaire, puis le Véné.·. donne le m.·. s.·.; mais il lui est annoncé par le Maît.·. des Céré.·. qu'il ne lui est pas parvenu, car la c.·. d.·. est romp.·.; le motif étant compris, alors les ff.·. se séparent pour occuper leur place respective, et les Trav.·. Funé.·. s'ouvrent au premier deg.·. symb.·. sous la présidence de l'hon.·. f.·. A. Verdet, 18e, Véné.·. titu.·.

La col... du Su.·. est confiée au T.·. C.·. F.·. St.-Léger Lalung, 3e, prem.·. Surv.·.; et celle du No.·. au T.·. C.·. F.·. A. Flavia, 3e, sec.·. Surv.·.

Le T.·. C.·. F.·. E. Salle, 3e, orat.·. titul.·., occupe la chaire de l'orat.·.; il a devant lui les tables de la loi.

Le T.·. C.·. F.·. Lagrosillière, 3e, secrét.·. titul.·., tient le crayon pour esquisser les Trav.·. du jour; les autres off.·. dig.·., les membres actifs de la L.·. et de nombreux ff.·. visiteurs, comme il est constaté plus haut, sont à leur place respective.

Pendant ce temps, l'harmonium touché par le f.·. Deymier, de la L.·., fait entendre des sons tristes et harmonieux qui ne cessent que pour laisser entendre la lecture de l'esquisse des derniers Trav.·. funè.·. que l'At.·. sanctionne, après les conclusions favorables du f.·. orat.·.

Sur l'invitation du Véné.·., répétée par les Surv.·., les col.·. sont debout et à l'ordre.

Le Véné.·. remercie le f.·. Secrét.·. pour sa bonne rédaction, puis il adresse des compliments mérités aux ff.·. visit.·., et l'At.·. applaudit.

Le T.·. C.·. F.·. E. Melse répond pour les ff.·. visiteurs, et tous applaudissent avec le Maît.·. des Céré.·.

Cette b.·. n'est pas couverte. — On prend place.

Au même moment on frappe à la porte du Tem.·., et sur l'annonce des Surv.·. le Véné.·. prie le Maît.·. des Céré.·. d'aller reconnaître ceux qui arrivent et de voir s'il y a lieu d'introduire.

Le f.·. T. Castang est introduit et vient prendre place à l'or.·.

Les travaux d'ouverture étant arrivés à leur point de perfection, la Céré.·. Funè.·. se poursuit au milieu d'incessantes harmonies qui transportent l'âme. Et, après que les dernières fleurs sont jetées sur le catafalque et les rameaux mystiques déposés, le Véné.·. invite les Surv.·. à l'accompagner dans l'endroit où se trouve l'urne funè.·. afin d'aller la déposer à sa dernière destination.

Le Véné.·. prend l'urne et la dépose sur le catafalque ; et, après avoir prononcé les paroles exigées par le rituel, il se laisse entraîner par les sentiments d'amour filial et de fraternité maçonnique qui débordent de son cœur à cette heure de suprêmes regrets, et improvise une longue et triste allocution qui fait répandre des larmes à tous les assistants.

Nous regrettons de ne pouvoir reproduire ici cette allocution, mais nous aimons à constater l'élévation et la noblesse des sentiments qu'elle a exprimés et l'effet qu'elle a produit sur les assistants.

Avant de se séparer du catafalque le Véné.·. fait tirer une b.·. de d.·., et tous, sous l'empire d'une profonde douleur, répètent en chœur : g.·.! g.·.!! g.·.!!!.....

L'ordre de la Céré.·. étant arrivé à son triangle de perfection, le Véné.·. fait annoncer sur les col.·. que le f.·. orat.·. va avoir la parole pour prononcer l'oraison funèbre du f.·. décédé.

Toute l'assemblée se recueille dans un religieux silence, et le f.·. orat.·. a qui la parole est donnée, se lève sous l'empire d'une profonde tristesse et prononce ces paroles :

« Mes FF.·.,

» Le f.·. Frédéric Procope jeune, dont nous déplorons la perte, naquit au Carbet (Martinique), le 8 juillet 1797.

» Vous, très ch∴ ff∴, qui me faites la faveur de m'écouter, et vous qui me lirez peut être en dehors de ce temple, vous connaissez trop bien sa vie pour que j'essaie de la retracer; je craindrais d'ailleurs de rester au-dessous de ma tâche; je sais moi-même qu'il faudrait un esprit supérieur au mien, un organe plus éloquent qui vous ferait apprécier et pourrait mieux vous pénétrer du mérite de ce f∴; mais, quelle que soit la faiblesse de mes moyens, je ne dois envisager que le devoir que j'aie à remplir dans une pareille circonstance.

» Aussi, c'est pour accomplir cette obligation impérieuse que je prends la parole au milieu de vous, pour apprendre à ceux qui n'ont pas eu le bonheur de connaître Procope, combien notre douleur est grande, combien notre franche amitié nous liait à cet homme de bien.

» Je ne pensais pas, mes ff∴, qu'il m'aurait été réservé un jour la faveur signalée, comme orateur de cette R∴ L∴, de rendre le dernier devoir au t∴ ch∴ et bien affectionné frère Procope jeune, fondateur de cette L∴ son ancien véné∴ et son membre honoraire; à l'homme qui me fit faire le premier pas dans ce temple, il y a plus de vingt ans, et qui fut à la fois mon ami et mon frère d'adoption.

» Etre autorisé à prendre la parole pour parler du mérite de ce frère, n'est-ce pas répéter ce que vous savez déjà? Faut-il vous raconter la vie de Procope? Ne la connaissez-vous pas comme moi? Faut-il vous dire les vertus de Procope? Ne les connaissez-vous pas toutes? Faut-il enfin vous entretenir de cet homme de cœur, de cet homme supérieur, de ce caractère qui portait en lui, ce qui est si difficile de trouver parmi les hommes, la bonté, la fraternité, la charité, l'une de ses plus nobles qualités; car Procope était pauvre et il est mort pauvre. A la délicatesse se joignait la grandeur d'âme, une énergie inébranlable quand il était convaincu. En quelques mots, voilà ce citoyen que nous regrettons tous. C'était un caractère! chose hélas! bien rare, mes FF∴, dans le siècle où nous vivons. Aussi, me suis-je écrié avec la douleur au cœur en apprenant cet épouvantable événement: Procope a disparu avec le moule qui l'avait formé!

» FF∴ de l'Union, et vous tous, très ch∴ ff∴, notre perte est immense, elle est irréparable! Nous devons tout à ce regretté f∴ Si nous avons le bonheur de nous réunir ici en ce jour, c'est grâce à lui; sans lui nous serions encore privés des lumières de la vérité. Il a été tout pour nous comme il a été tout pour ses concitoyens.

Pour mieux vous le faire apprécier, il me suffira de vous dire que, si la terre d'exil possède ses restes mortels, c'est qu'il a voulu être fidèle à ses convictions qui sont restées inébranlables et qui étaient le mobile d'une grande dignité. Aussi s'est-il exilé volontairement de son pays depuis dix-sept ans.

» Je n'irai pas plus loin, mes FF∴.. Faisons taire, en face de ce catafalque, tout sentiment de récrimination. Laissons à leurs remords ceux qui ont poussé ce f∴. à abandonner sa patrie, sa famille, et ses nombreux amis. Au jour du danger ils l'ont glorifié, le lendemain ils l'ont traiteusement calomnié! Juste récompense des grands dévouements. Il ne s'en plaignit jamais, car il fut grand et généreux. Mais le temps, ce grand maître, là déjà vengé!...

» Mes. FF., lorsque le ciel enlève à la terre un de ces hommes de bien qui font de la vie un apostolat humanitaire, il prive la société d'un puissant appui et frappe cruellement au cœur ceux qui ont eu le bonheur de le connaître. Sans doute la mort n'est rien, c'est une ombre qui passe devant la vie d'immortalité de l'homme juste; mais elle laisse de profondes blessures dans l'âme de ceux qui vivent, en les arrachant à leurs tendres affections,

» L'existence à laquelle une puissance supérieure a assigné des limites plus ou moins étendues, présente sous des milliers de nuances diverses le spectacle le plus étrange. A quoi aboutit, en effet, cette existence multiple et contradictoire que l'Ange de la destinée sème au hasard parmi les hommes à leur entrée dans la vie? Ici s'épanouit un bouton de rose, s'ouvrant déjà aux seins maternels et à la vie radieuse qui s'étale aux petits yeux à peine ouverts—un souffle meurtrier, et la fleur laisse sa corolle et se fane. Là, l'amour couronne de myrte les cheveux de la fiancée, la tombe l'arrache des bras de l'amant-époux. Les palmes du génie, les lauriers de la gloire, l'amour maternel et filial, les doux épanchements de l'amitié, la mort n'épargne rien et fauche pêle-mêle les myrtes, les roses, les palmes et les lauriers, l'enfant, et le père, et la mère.

» Mais, quelle que soit la durée de l'existence, où est la créature, la veuve et l'orphelin dont le départ pour un autre monde ne laisse de regrets. Le pauvre vieillard même qui, par une vie longue et active, a mérité le repos dont il va jouir dans un enclos sacré, ne nous quitte pas sans faire couler des larmes et provoquer des accents plaintifs. C'est que les sentiments de l'amitié, les liens de la famille et la sympathie fraternelle sont ébranlés dans tout ce qu'il y a de sublime ici-bas; c'est que l'adieu qui se dit sur la tombe s'appelle éternel dans la langue bornée des humains. Après tout cela que nous reste-t-il à donner? des larmes et un pieux souvenir impérissable !

» F∴ Procope, c'est au nom de ta fille bien-aimée, folle de douleur ; c'est au nom de ton fils, dont le chagrin sera sans repos; c'est au nom de ta famille inconsolable, c'est au nom de tes ff∴ d'adoption, c'est au nom de tes amis, c'est en mon nom particulier que je viens t'offrir en ce jour, à la fois triste, solennel et instructif, les derniers et éternels devoirs d'adieu !

» Mes FF∴, pleurons Procope! Pleurons ce grand citoyen, ce maçon incomparable; il est digne de nos larmes et de tous nos regrets !

» Puisse le grand Arch∴ des mondes aider nos générations futures à mouler nos petits neveux sur ce caractère; les hommes qui en sortiront seront les bien-aimés de la grande famille humaine.

» Adieu f∴ Procope, adieu ! ! !

Un murmure d'admiration s'élève dans l'assemblée après les paroles de ce f∴.

Aussitôt que le silence se rétablit, le Véné∴ fait donner la parole à tous les ff∴ qui voudraient honorer la mémoire de celui qui fait l'objet de notre deuil.

L'hono∴ f∴ E. Gaubert ayant réclamé et obtenu la parole, s'avance vers l'or∴, et d'une voix pleine d'émotion et de larmes qui expriment la tristesse de son cœur d'ami et de f∴ prononce la col∴ funè∴ suivante :

« Mes FF∴,

» Ce Temp∴, voilé de deuil, ce mausolée que nous apercevons à à son point central, cette nombreuse assemblée aux regards consternés, tout enfin révèle que nous déplorons la perte d'un f∴ justement regretté.

» La mort! toujours cette mort inexorable qui, dans sa course vagabonde et destructive, va sans cesse fauchant dans le monde sans regarder les traînées de douleur qu'elle laisse après elle.

» Nous subissons en ce jour une de ses fatales conséquences; et ce coup inattendu plonge nos cœurs dans la plus profonde affliction.

» En présence de cette perte irréparable à tous les points de vue, à la vue des parents accablés de douleur, y a-t-il eu un cœur qui soit resté sans tristesse et des yeux sans larmes ? Non, sans doute. Et nous avons entendu ce cri général que le pays a poussé en apprenant cette triste nouvelle ! Et en ce moment même, que de larmes et de gémissements !!!...

» Je suis heureux, mes ff∴, malgré ma douleur et mes larmes qui voilent mes accents, de pouvoir venir dans ce Temp∴ d'amour, de fraternité et de charité, accomplir le saint devoir de l'amitié en consacrant quelques paroles aux mânes de notre très ill∴ et p∴ f∴ Procope jeune que la mort a frappé à la Soufrière (Ste.-Lucie), le 27 novembre dernier, da ns sa soixante-onzième année.

» Que vous dirai-je de ce f∴, à vous qui l'avez si bien connu, qui l'avez si bien apprécié et qui l'estimiez tant ? Rien qui ne soit connu de vous ? Mais laissez-moi me souvenir d'une page heureuse de sa vie et qui concerne cette R∴ L∴ C'est lui qui a eu l'heureuse idée de propager la Maçonnerie dans cet Or∴ et encore mieux, la maçonnerie écossaise dont on ignorait l'existence dans ce pays.

» En 1845, il conçut le projet d'élever un T∴ à la gloire du Grand Jéhova ; et après avoir communiqué cette grande pensée à ses amis, il voulut la mettre à exécution ; mais les faibles l'abandonnèrent et les plus forts lui donnèrent peu d'assistance. Il s'arma de son courage habituel, et, inébranlable dans ses convictions, il se fortifia dans sa résolution et poursuivit sa sainte mission. Alors commença pour lui cette longue lutte qui ne cessa qu'avec la glorieuse République de Février 1848. Mais, que d'obstacles ne lui a-t-il pas fallu surmonter pour ne pas voir échouer son entreprise ? Et les plus grands lui furent suscités par les puissants qui redoutent la lumière. Rien ne l'arrêta ; et, à force de patience et de persévérance, il fit briller dans notre Cité l'étendard de l'écossisme sur lequel est écrit : Liberté, Egalité, Fraternité !

» Gloire et honneur à la mémoire de cet illustre maçon !!!

» Pendant son vénéralat, que de biens n'a-t-il pas fait ! et même à ceux qui l'entravaient dans son œuvre toute paternelle, toute philanphique. Le Sup∴ Cons∴, pour récompenser tant de zèle, ratifia avec bonheur le 30ᵉ deg∴ que l'ill∴ f∴ Franklin lui avait conféré en mémoire des services rendus à la Maç∴ et au pays.

» Mais, hélas! ô destinée humaine! les persécutions qui semblaient disparaître devant tous les biens que faisaient notre L.·., recommencèrent à la chûte de la République; et, comme la République, elle tomba en 1852. Relevée en 1865, par le f.·. Verdet, son premier acte fut de nommer membre honoraire celui qui l'avait fondée; et, en le faisant, la L.·. ne fit que payer la dette de la reconnaissance. C'était justice! c'était beau! — Merci!.....

» Et lorsque ce f.·. pût un instant s'échapper des plages de son long exil, il accourut nous visiter et retremper sa belle âme dans les joies de la fraternité maçonnique et dans l'enivrante amitié de ses ff.·.

» Vous souvenez-vous, mes ff.·., de ces jours de bonheur qu'il nous fit goûter pour la dernière fois, en janvier 1868, et presqu'à la même date où nous célébrons son service funèbre; alors ce fût un jour de joie suprême, et maintenant c'est un jour de deuil!

» Ah! laissez-moi me souvenir de cette dernière date pour vous dire que notre très ill.·. f.·. Procope fut un homme d'élite, doué d'une intelligence rare et d'une grandeur d'âme exceptionnelle; son grand cœur s'ouvrait à toutes les souffrances, sa bourse était commune à tous, et lorsque la mort vint le surprendre en traître, il s'en alla la laissant vide. Quelle gloire pour un homme que de mourir ainsi!

» Voilà l'homme, mes FF.·.; voilà l'ami, le f.·. dont j'ai cultivé l'amitié pendant plus de quarante années et qui vient de s'en aller, emportant avec lui de tristes larmes et de profonds regrets! !!.......

» Et, ce n'est pas sans une profonde douleur que je me vois forcé de prononcer ces quelques paroles sur son passé si justement apprécié par tous. Et si nous nous arrêtons à ces jours néfastes du 22 Mai, nous retrouverons encore ce f.·. rétablissant l'ordre au sein de la société bouleversée. Que récoltât-il pour récompense? Ce que récoltent toujours les amis de l'humanité: l'ingratitude! Il ne pût la supporter; et, habitué aux poignantes douleurs de l'exil (il avait été exilé déjà en 1824), il quitta son pays pour aller demander encore à l'exil ses larmes, ses douleurs et son pain amer. Et tel le palmier importé sur un sol infertile, cet ill.·. f.·. souffrit et s'éteignit loin des tendres affections de sa famille, de ses nombreux amis et de tous ceux qui l'aimaient. Et là, comme ici, il eût de nombreux amis qui, plus heureux que nous, ont recueilli son dernier soupir et l'ont accompagné à sa dernière demeure!.......

» Plaise au grand Arch∴ des mondes, en souvenir de ses incessantes luttes et de son dévouement à la sainte cause de l'humanité souffrante, lui accorder dans sa cité éternelle toute la récompense qu'il prodigue aux justes !

» Adieu, f∴ ! dormez en paix, et que la terre vous soit légère !!!.. »

Ce f∴, quoique fort émotionné, n'a pas moins attiré l'attention sur lui par ses paroles bien senties et inspirées par sa vieille amitié, il retourne à sa place, satisfait d'avoir pu, lui aussi, payer son tribut d'éloges à l'ami et au f∴.

Le f∴ A. Arnaud, après avoir obtenu la parole, se dirige vers l'aut∴ du sec∴ Surv∴, et, au nom de la vieille amitié qui le liait au f∴ Procope, il prononce d'une voix émue, mais empreinte d'une fermeté sévère, les paroles suivantes :

« Mes FF∴,

» En ce jour de deuil où nous venons offrir à nos morts aimés le tribut de nos regrets et de notre vénération, où nous receuillons pour ainsi dire notre esprit, afin de méditer sur la vie de ceux que nous aimions et que nous pleurons, l'amertume de nos regrets semble se mitiger, quand nous nous trouvons en présence d'une existence et d'un caractère comme celui de notre regretté frère Procope.

» Permettez-moi donc, mes FF∴, de mêler ma faible voix aux éloquentes paroles que vous venez d'entendre et laissez-moi vous entretenir un moment de la vie et de la mort de ce maçon irréprochable, de cet homme de bien dont nous célébrons aujourd'hui la fête funèbre.

» La vie de Procope, mes FF∴, ainsi que sa mort sont d'un haut enseignement pour ceux qui l'ont connu et qui ont pu apprécier les rares qualités qui distinguaient ce cœur d'élite. Comme maçon, vous avez connu son zèle et son dévouement pour tout ce qui touchait à notre institution ; comme homme privé, vous vous rappelez ce vieillard alerte, gai, expensif, enjoué et aimable qui semblait défier la vieillesse ; dont le cœur était encore jeune et chaud, et s'ouvrait si facilement à tout ce qui était noble et beau ; sa vieillesse, si je puis m'exprimer ainsi, ressemblait à un hiver fleuri ; un reflet de jeunesse venait toujours colorer les sentiments et les illusions de son âme, et comme le *Philosophe Pélisson*, il avait su conserver ses illusions et surtout la gaieté d'une bonne conscience. Pourtant, mes Frères, cet homme si bon, ce vieillard *si jeune* qui avait beaucoup vu et beaucoup connu, avait rencontré sur le chemin de sa vie bien des douleurs et des angoisses! la coupe amère des désillusions avait bien des fois touché ses lèvres, il avait vécu à une époque où d'absurdes préjugés parquaient pour ainsi dire toute une race d'hommes en dehors de la vie politique et sociale, il avait souffert avec eux, pleuré avec eux, il avait assisté avec le calme du vrai philosophe aux luttes de la liberté et du progrès ligués contre l'esclavage et l'injustice; sa raison lui montrait le temps prochain de la délivrance, il l'indiquait à ses frères en leur parlant le langage de la vertu, en leur prêchant la liberté sans haine et sans vangeance. Au temps de nos dernières luttes politiques, tous nous l'avons vu à l'œuvre, arrêter, au nom de la concorde et de la conciliation, ces esprits fanatiques qui, aux heures troubles des révolutions, perdent les meilleurs causes, et mettent souvent la liberté en péril.

» Entré dans la vie publique, notre frère Procope subit le sort de bien des hommes dont l'histoire nous conserve les noms; il fût emporté par cette marée montante qui entraîne avec elle bien des dévouements et bien des caractères. La réaction le brisa. Il alla demander à l'exil son pain amer et ses longs jours de tristes douleurs; et cet exil qu'il s'imposait au nom de ses convictions, il l'accepta sans murmure, sans une goutte d'amertume et de haine au fond de son cœur; il continua à aimer l'humanité et ne fit qu'oublier ceux qui avaient méconnu ses aspirations et son caractère. Sublimes leçons, mes frères, féconds enseignements qui prouvent une fois de plus aux détracteurs de la philosophie naturelle, ce que la vertu apuyée sur la raison peut opérer de transformation dans le cœur humain.

Oui, mon ami! tu as été un bon citoyen; ta vie a été complète dans le bien et dans la charité, ta mort a été celle d'un sage et d'un philosophe. Vivant, tu as tout sacrifié à tes convictions, et sur le seuil de l'éternité tu as eu le courage de regarder sans frémir dans la nuit profonde et éternellement silencieuse du trépas! Que pouvais-tu craindre? Ne croyais-tu pas à un Dieu qui se révèle à nos sens dans l'étendu infini? Tu voulais ce que la vie t'avait toujours refusé, un profond repos inaltérable, eh bien! la mort te l'a accordé.

» Maintenant tout est fini, tu as rempli ta tache, dors en paix dans la tombe; cette paix a bien aussi son prix. Sois certain que ce repos ne sera désormais troublé ni par les douleurs, ni par les inquiétudes, ni par les passions incompatibles avec la vraie félicité!.... Si la vie n'est qu'un long jour de fatigues et d'ennuis, la mort, son bienfaisant antagoniste, n'est qu'une quiétude éternelle, le cercueil, un lit de repos, la terre un oreiller où il est doux à la fin d'aller poser sa tête pour ne plus la relever. *Mors omnia salvit*....... Adieu, ô! mon vieil ami! »

Après ce f.·., qui excite l'admiration générale autant par son éloquence que par la synthèse de sa belle col.·., l'émotion ayant gagné l'assemblée, les Surv.·. annoncent que le silence règne sur les col.·.

Le Véné.·. fait annoncer que l'At.·. va remercier les orat.·. qui viennent de se faire entendre.

L'annonce des Surv.·. étant arrivée à l'or.·., le Véné. se découvre, et, sous le poids d'une profonde douleur, il prononce ces paroles :

TT.·. CC.·. FF.·.,

» En venant vous remercier au nom de l'Al.·. pour les belles col.·. funéraires que vous avez prononcées pour honorer la mémoire de notre bien-aimé et regretté f.·., qu'il me soit permis d'ajouter un fleuron de plus à cette couronne d'éloges que votre amitié a tressée et vient de déposer sur ce pieux monument, emblème de notre vénération et de notre profonde douleur, et qui nous retrace les belles et rares qualités du cœur de celui que nous pleurons.

» Si mes éloges n'étaient pas plus intéressés que les vôtres, ô mes frères! je vous aurais retracé à mon tour la mémoire de cet homme de bien, car, mêlé à sa vie depuis plus de cinq ans, quelle voix mieux que la mienne pourrait vous dire ce que fut sa longue carrière d'abnégation et de dévouement si bien remplie?

» Mais vous avez vu l'homme à l'œuvre, et pas une seule voix, même dans ces temps si difficiles de troubles que la colonie a eu à traverser de 1848 à 1851, pas une seule voix, dis-je, ne s'est jamais élevée contre lui pour lui adresser un seul reproche. Et, à cette heure suprême où la société coloniale semblait être en péril, toutes les voix ont été unanimes pour lui dire: « Vous avez sauvé la colonie ! » Et une adresse votée après le 22 Mai le lui exprimait en ces termes :

Au citoyen PROCOPE *Jeune, Commissaire de Police à Saint-Pierre (Mouillage.)*

« Citoyen Commissaire de Police,

» Au nom des habitants du Mouillage, de nos femmes, de nos en-
» fants, protégés et sauvés par vos soins dans la douloureuse nuit du
» 22 Mai, nous vous prions d'agréer le tribut de notre profonde re-
» connaissance. Si votre *prudence* s'est plue à taire les mesures sages
» et hardies à l'aide desquelles vous avez dominé la situation si cri-
» tique, nos cœurs les ont devinées, quand nous n'avons trouvé que *se-*
» *cours* et *protection* là, où, sans elle, nous n'eussions trouvé, peut-être,
» qu'hostilités et dangers. Nous vous rendons grâces, Commissaire,
» ainsi qu'à *tous ces nombreux citoyens qui ont si noblement mis en*
» *pratique, et quelquefois au péril de leur vie, la mémoire de* FRA-
» TERNITÉ *qu'ils tenaient de vous:* soyez notre interprète auprès d'eux.
» Pour la plupart, ils se sont dérobés à nos remercîments, ne voulant
» que le témoignage de leur conscience. Qu'ils en jouissent donc dans
» le secret d'une noble fierté, et puisse Dieu récompenser tant de
» *grandeur et de dévouement!*

» Salut et fraternité (1). »

» Vous voyez, mes ff∴, que c'est en mémoire de la fraternité que ce digne f∴ a sauvé la colonie en 1848.

» Et, en effet, qui était plus maçon que lui? Il ne l'était pas seule-ment dans les Loges, il l'était plus encore dans la rue à l'heure su-prême du danger, car sa vie appartenait à l'ordre.

» Quel monument plus impérissable laissé à sa mémoire que cette

---

(1) « Winter-Duresnel, juge de paix;—Coutens; — G. Borde; — J. Borde; — Artaud fils; — Legrand; — Cicéron, avocat; — E. Porry, avoué; — Giraud; — E. St.-Vel; — Alph. St.-Vel; — Clément de Caton; — Glandut; — Th. Surlè-mont; — Cassé de Lauriol de Ste.-Croix; — B. Boutéreau; — J. Bonnet; — A. Lepelletier; — O'Shanghnessy; — Bourrouët; — Carlhan. »
(*Note de la rédaction du Secrétariat de l'Union.*)

adresse des notabilités de Saint-Pierre? Cela retrace mieux encore la noblesse et la bonté de son grand caractère que tout ce que je pourrais essayer de dire pour l'élever à vos yeux, car la grandeur des sentiments de l'homme se révèle toujours par tous les actes de sa vie. Et s'il s'est éteint sur la terre d'exil, loin des affections de sa famille, de ses nombreux amis et de tous ceux qui l'aimaient et le vénéraient, n'est-ce pas encore, je vous le demande, une affirmation de la sincérité et de la grandeur de sa belle âme qui, après avoir accompli son devoir, a eu pourtant, hélas! à se plaindre de l'ingratitude de son pays !

» Et n'est-ce pas là le lot de tous ceux qui se dévouent à une cause juste et sacrée? — L'histoire de l'humanité est là pour l'attester.

» Après cela pouvait-il et voulait-il rester dans son pays, où, par l'aveuglement et l'erreur des révolutions, il fut si impitoyablement persécuté après avoir fait tant de bien ?

» Oh! c'est que le cœur souffre cruellement quand on arrive à la dure épreuve de l'ingratitude de son pays, comme il était arrivé lui; et lorsque le cœur est accessible à la douleur et au chagrin, on en meurt hélas! de désespoir. Mais lorsque le cœur est d'airain comme l'était le sien, on secoue la poussière de la semelle de ses souliers et l'on s'en va, et souvent en prononçant les amères paroles de Scipion l'Africain : « *Ingrate patrie, tu n'auras pas mes os!...* »

» Et c'est ce que fit le f.·. Procope vers les premiers jours de 1852; il s'exila volontairement pour échapper à l'ingratitude de son pays; et il resta dix-sept années à monter le dur escalier d'autrui et à manger le pain amer de l'exil. . . . . .

» Il avait, lui aussi, prononcé les mêmes paroles que Scipion, et comme Scipion il ne retourna pas dans sa patrie; il creusa sa tombe sur la terre d'exil et s'y enveloppa pour dormir de son dernier sommeil qui n'a plus hélas! de réveil que dans l'éternité !

» Et en s'endormant il a emporté avec lui l'estime publique, d'éternels regrets et un cœur sans reproche, si bien qu'un mois avant sa mort, et dans le calme de sa conscience, sentant sa fin peut-être, il a écrit ses dernières volontés, qui prouvent une fois de plus qu'il n'a pas varié dans ses profondes convictions; car on savait ce qu'il pensait de cette vie et de l'autre.

» Voici ce qu'il écrivait le 15 octobre 1869, quarante-deux jours avant sa mort :

MES DERNIÈRES VOLONTÉS.

« Dieu ayant créé l'homme libre, vouloir l'assujettir à des opinions
» contraires, ce serait transgresser la loi de Dieu et attenter au droit
» de l'homme.

» Je me suis, depuis que j'ai eu l'âge d'homme, soulevé contre la
» morale en guerre avec l'intelligence ; j'ai compris que les lumières
» grandissaient l'âme, et plus elle grandissait, mieux elle comprenait
» Dieu.

» Quel besoin, pour l'homme qui pense et qui sent, de soumettre ses
» opinions à celles de ses semblables qui font bénéfice de la bonne foi ?

» Dieu n'a jamais parlé à personne, personne ne l'a vu, puisqu'il
» est invisible par état de nature ; pourtant il nous a donné les mo-
» yens de le voir en implantant en nous sa TRINITÉ : l'*intelligence*
» pour concevoir, la *conscience* pour guider l'intelligence, la *raison*
» pour coordonner l'intelligence et la conscience.

» Je ne saurais, sans me déjuger, abjurer des principes que j'ai
» professés durant toute ma vie, et avec lesquels je mourrai.

» Cependant il me reste acquis que rien ne périt dans la nature,
» que tout se transforme ; donc pour moi, mourir, c'est commencer à
» vivre bien autrement.

» Je réclame de mes amis, si je mourrais loin de mon pays et de
» mes parents, qu'ils me fassent enterrer le plus modestement possi-
» ble, sans enterrement ni de l'église, ni d'aucun prêtre.

» Cela fait ainsi, je les bénirai en emportant, si alors l'homme peut
» concevoir quelque chose de la vie, une reconnaissance sans limite
» dans l'autre monde.

» Fait et signé, sain de corps et d'esprit, à la Soufrière (Ste.-Lucie),
» le 15 octobre 1869.

» F. PROCOPE Jeune. »

» Et ses volontés, mes ff∴, ont été fidèlement exécutées. On a
trouvé dans ce petit coin de terre perdu dans l'immensité de l'Océan,
trois Maçons qui lui ont rendu les derniers devoirs maç∴; et nous
aujourd'hui, nous venons achever ce qu'ils ont si pieusement com-
mencé.

» Béni soit le G∴ A∴ D∴ L∴.

» O! mes ff∴, si nos larmes et nos regrets ont quelque chose de poignant en ce jour de deuil, combien aussi ne sont-ils pas amoindris par ce grand concours de ff∴ qui sont venus se grouper autour de ce mausolée pour rendre un hommage mérité à celui qui vient de descendre dans sa tombe!

» Que cela soit pour tous un grand enseignement, et que pas un de nous ici ne perde de vue que, qui meurt avec l'estime et les regrets publics, ne meurt pas tout entier. Et ce fut sa pensée à lui.

» Or, en descendant dans sa tombe, il ne fait que s'effacer de nos regards, mais il vivra à jamais dans nos cœurs attristés.

» Joignez-vous donc à moi, mes ff∴, pour lui exprimer encore une fois par une nouvelle et dernière batt∴ de deuil nos sentiments d'amour et de profonds regrets!!!...

Après cette B∴ dans la forme d'usage, le Véné∴ poursuit ainsi :

» Quant à vous, ff∴ orat∴, qui venez de vous faire entendre dans cette enceinte, je ne puis mieux vous exprimer toute la reconnaissance de la L∴ que par une simple b∴ »

La B∴ est commandée et exécutée. — On prend place.

Ce juste tribut payé par le fils au père, l'ami à l'ami, le f∴ au f∴; le Véné∴ se rassied et pleure... Mais, dominé par le sentiment du devoir, il refoule sa douleur au fond de son cœur afin d'accomplir jusqu'au bout la pénible et douloureuse mission que sa charge lui impose dans cette circonstance; puis, reprenant toute son énergie, il poursuit l'ordre des trav∴.

Sur son invitation, les Surv∴ annoncent sur leur col∴ respectives que la parole est donnée pour le bien de l'ord∴ en général et celui de l'At∴ en particulier.

L'annonce étant faite; le Véné∴ porte à la connaissance de l'At∴ que de nombreux ff∴ empêchés d'assister à la cérémonie à laquelle ils avaient été convoqués, lui ont donné des excuses verbales de profonds regrets, et il cite parmi ces ff∴ les ff∴ Mayne de Ste.-Luce, 32e; Eug. Dupré, 3e; Baret, 18e, etc.; il annonce aussi que deux ff.·. qui se sont vus forcés, à la dernière heure, de ne pouvoir assister à la cérémonie, se sont fait excuser; Ill.·. et P.·. f.·. Husson, 30e, Membre Hono.·. de la L.·., par un télégramme ; et Ill.·. et P.·. f.·. O'Lanyer, 32e, par une planc.·. très affectueuse et frat.·., digne de la bonté de son cœur.

Ces deux documents sont remis au f.·. Secrét.·. qui en donne communication à l'At.·.

Après cette lecture, le Véné.·. prie les ff.·. 1er Exp.·. et Hosp.·. de faire circuler le sac des propositions et le tronc de Bien.·. Cet ordre est exécuté, et le dépouillement se fait : L'on constate que le sac n'a rien produit et que le tronc a donné une forte médaille métal.·.

Ceci fait, le f.·. Secrét.·. est invité à donner lecture de l'esquisse des Trav.·. qui est approuvée par l'orat.·. après les observations de l'At.·.

Un coup de Mail.·. parti de l'Or.·. et répété à l'Oc.·. et au Mi.·. annonce que les Trav.·. funè.·. touchent à leur fin.

Le Véné.·., après avoir procédé à la fermeture de ces Trav.·. de la manière accoutumée; prie les ff.·. de former la ch.·. d'un.·.. Elle se forme, et il prononce ces belles paroles du *pardon et de l'oubli des injures;* donne le baiser de paix et de fraternité universelle, et fait tirer une Bat.·. de D.·. comme dernier souvenir d'hommage rendu à la mémoire impérissable de l'Ill.·. f.·. Procope. Et tous répètent en chœur :

G.·.! G.·.!! G.·.!!!

Le silence sur les Trav.·. du jour est déféré, la ch.·. d'un.·. est romp.·., et tous les f.·. se retirent en paix, en bénissant le G.·. A.·. D.·. L'U.·.

Scellé et timbré par nous,
garde des sceaux et timbres,

J. BERMEILLY 33.·.

Certifié conforme,
Par mandement :
Le Secrétaire adj.·.

Ate LALUNG, 3e.

AU MONDE MAÇ...

Les dernières volontés de notre f.·. et le nombreux cortège qui l'a accompagné à sa dernière demeure, ont donné lieu à des attaques virulentes de la part du Curé de ce bourg contre le mort et ceux qui ont été à son enterrement.

En donnant place ici à la lettre en réponse à ces attaques, et qui a été tirée, à Ste.-Lucie, à un grand nombre d'exemplaires, c'est montrer une fois de plus, comment certains de ces Messieurs entendent et prêchent l'Evangile.

Entendez cette leçon de fraternité donnée par notre Vénérable à ce Curé qui a si peu la charité du chrétien:

Lettre à M. l'abbé Fontaine, Curé de la Soufrière (*)

Monsieur l'Abbé,

Avez-vous oublié, par hasard, que la mission du prêtre est d'évangéliser et d'avoir toujours à l'esprit et à la bouche le pardon et l'oubli des injures; et que le prêtre qui s'écarte de ces sentiments devient par ce fait, nonseulement un mauvais prêtre, mais encore un citoyenindigne de l'estime et de la considération publiques?

Pourquoi faut-il, malheureusement pour vous, Monsieur l'abbé, que j'aie à dire ici que vous ne vous êtes pas renfermé dans ces sages préceptes que la morale et la conscience enseignent à tous, et particulièrement aux prêtres, pour qu'ils puissent garder leur caractère sacré qui les fait hommes de tous.

Puisque vous l'avez oublié, Monsieur l'abbé, laissez-moi vous dire que les paroles que vous avez jetées à celui qui était allé vous demander la clef du cimetière pour enterrer mon père, et celles qui, du haut de votre Chaire Evangélique, ont excommunié ceux qui l'ont accompagné à sa dernière demeure, ne sont ni celles d'un bon chré-

(') C'est ce même abbé Fontaine qui fut Directeur du Collège Ste.-Marie à Saint-Pierre-Martinique, en 1846, et qui, d'heureuse mémoire, avait lu à une distribution des prix, un discours d'un professeur de la Sorbonne:

Au peu d'esprit que le bon homme avait,
L'esprit d'autrui par complément servait,
Il compilait, compilait, compilait.....

tien, ni celles du prêtre dont tout à l'heure je vous traçais le caractère.

Sachez donc, Monsieur l'abbé, que celui qui se respecte ne doit jamais se retrancher derrière une situation que le sort lui fait, pour je-
ter des paroles malheureuses à un *cadavre*; et que celui-là qui s'en
rend coupable est plus indigne que celui contre qui il les a proférées,
comptant sur l'impunité. Et, en toute autre circonstance, vous ne
l'eussiez pas fait, Monsieur l'abbé, me sachant vivant.

Malheureusement, l'insulte faite à ce *cadavre* ne pourra jamais être
réglée entre nous; je ne puis que vous laisser à votre propre conscience et en face de l'opinion publique appelée à juger de votre acte
comme homme d'abord et comme prêtre ensuite.

Cependant, Monsieur l'abbé, je ne puis me défendre de vous dire
que, quel que soit le caractère dont votre ministère vous revêt, vous
ne serez jamais à la hauteur de l'homme qui a honoré son pays pendant sa vie, et qui a été pleuré et regretté par lui après sa mort. Et,
s'il s'était condamné à un exil volontaire dans ce petit coin de terre,
il ne l'a dû, croyez-le, qu'à une question politique qui l'obligea de
s'éloigner de son pays pour rester fidèle à ses convictions libérales ;
autrement ce serait dans son foyer qu'il aurait terminé sa carrière
sans tache.

C'est pourquoi, Monsieur l'abbé, vous avez eu tort d'avoir dit, en
parlant de mon père : *Qu'on devait enterrer de suite ce vieux corps
pour débarrasser la terre d'un méchant homme.* Il n'y a de méchant que
vous, Monsieur l'abbé, et ce que vous avez dit chez vous et du haut
de votre Chaire Evangélique que vous avez salie comme toujours.

Plus fraternel que vous, Monsieur le Prêtre qui insultez les cada-
vres, en oubliant qu'on doit du respect aux morts, je vous pardonne,
parce que le Christ, notre Maître à tous, le veut ainsi ; ce que vous
avez sans cesse oublié dans votre vie, et que, sans doute, avec le caractère haineux que l'on vous connaît, vous continuerez à oublier
sans cesse.

J'ai l'honneur d'être,

Monsieur l'Abbé,

Votre Serviteur.

Alex. VERDET.

Soufrière, 18 janvier 1870,

UNE TOMBE DANS L'EXIL.

Quand le soleil plongeait dans l'onde sa lumière,
Poursuivant son chemin, j'entrais au cimetière,
Interrogeant des yeux chacun de ces tombeaux
Où l'homme à son trépas vient chercher le repos.
Rien ne me révéla dans ce lugubre asile
La place où l'exilé dormait, calme et tranquille,
        Cet éternel sommeil
        Qui n'a plus de réveil.

Je m'arrêtai, pensif, devant une croix noire,
Veuve d'inscription retraçant sa mémoire.
Seulement dans mon cœur j'eus un pressentiment :
La fosse me semblait couverte fraîchement;
Quelques fleurs y croissaient éparses, désolées,
Que la main des passants, sans doute, avait plantées
        En mémoire du bien
        Qu'il fit sur son chemin.

Je contemplais rêveur, dans un profond silence,
Cette croix qui disait: Là finit l'espérance!...
Etait-ce bien la fosse où son corps reposait?
Une femme, sans doute, au loin qui me suivait,
Se présente, et me dit : Oui, c'est là qu'il repose!
Je la remerciai ; puis, sans changer de pose,
        Au mort je dis tout bas :
        Tu vis en nous, hélas !

Puis, soudain, je me pris, comme au temps de sa vie,
A causer avec lui. Que disais-je? Oh ! j'oublie !...
Je repassais en moi mille doux souvenirs
Entremêlés de pleurs et de profonds soupirs!

Je crus le voir encor dans sa joie ordinaire,
Riant et plaisantant. Oh ! quel grand caractère !
        Il sut aimer, souffrir,
        Ne sut jamais haïr.

Le soleil m'annonça, dans sa course rapide,
L'instant de fuir ces lieux, où sa cendre réside,
Il fallait m'en aller, peut-être sans espoir
De revenir un jour en ces lieux le revoir.
Je lui fis mes adieux, en répétant encore
Combien je déplorais, et combien je déplore
        De le voir reposer
        Sur ce sol étranger.
        Bien loin de sa famille,
        Et surtout de sa fille
        Qui le regrette tant,
        Le pleure à chaque instant.

Je repris mon chemin la paupière baissée,
Sous le poids accablant d'une sombre pensée.
Je ne voyais que lui que je quittai vivant,
Que je retrouve mort, hélas ! en ce moment.
Mort, lui !... Le sera-t-il pour nous en cette vie ?
Il est de ces mortels que jamais l'on oublie !
        Il vivra pour jamais
        Dans nos cœurs, nos regrets !...

                          ALEX. VERDET.

Soufrière, 17 janvier 1870.

[illegible]

52